JN425964

글 하늘땅

그림책을 기획하고 만드는 일을 하고 있습니다.
그동안 만든 책으로는 〈자연이랑〉, 〈심쿵〉, 〈우리아람이〉,
〈과학특공대〉, 〈지식특공대〉 등이 있습니다.
하늘땅은 아이들에게 평생 기억될 수 있는 그림책을 만들기 위해 노력하고 있습니다.

그림 한병호

1962년 서울에서 태어나 추계예술대학교 동양화과를 졸업했습니다.
서울 테헤란 국제 그림 원화전에 출품했고, 제6회 어린이문화대상 미술 부문 본상을 수상했습니다.
지금은 한국출판미술가협회, 무지개 일러스트레이션 회원으로 활동하고 있습니다.
그린 책으로는 〈황소와 도깨비〉, 〈도깨비방망이〉, 〈혹부리 영감〉, 〈바우와 까꾸까꾸〉,
〈해치와 괴물 사형제〉 등이 있습니다.

감수 신항균

성균관대학교 대학원 수학과를 졸업했습니다.
공군사관학교와 우석대학교 교수를 역임했고,
미국 애리조나 주립대학교 수학과 교환교수로도 활동한 바 있습니다.
지금은 서울교육대학교 수학교육과 교수로 재직 중이며,
동 대학교 초등수학교육연구소장으로 있습니다.
또한 서울교육대학교 영재교육원 운영위원으로도 활동하고 있습니다.
초등학교와 중학교, 고등학교에 이르기까지 수학교과서 집필책임교수로 활동했고,
저서로는 〈수학사와 수학이야기〉, 〈클릭 수학나라〉, 〈영재들의 1등급 수학교실 시리즈〉가 있습니다.

1단계 한 사물 재기 13

가벼우면 안 잡아먹지!

글 하늘땅 그림 한병호 감수 신항균
펴낸곳 (주)아람키즈 | 펴낸이 이소영 | 주소 서울특별시 성동구 성수이로 147 아이에스비즈타워 2F
고객센터 1644-4521 | 팩스 02-468-5548 | 홈페이지 www.aramkids.co.kr | 출판등록 제2020-000011호
기획 편집 디자인 (주)아람키즈 하늘땅
ISBN 979-11-6543-554-7 979-11-6543-509-7(세트)

ⓒ (주)아람키즈
이 책은 저작권법에 따라 보호를 받는 저작물이므로 무단전재와 무단복제를 금합니다. 이 책 내용의 전부 또는 일부를 이용하려면 저작권자의 서면 동의를 받아야 합니다.

• 눈을 편안하게 해 주는 친환경 식물성 원료인 콩기름 잉크로 인쇄하였습니다.

⚠ 책 모서리가 날카로워 다칠 수 있으니 사람을 향해 던지거나 떨어뜨리지 마십시오.
⚠ 종이에 베이거나 긁힐 수 있으므로 주의해 주십시오.

가벼우면 안 잡아먹지!

글 하늘땅 · 그림 한병호 · 감수 신항균

아람키즈

"먹을 게 조금밖에 안 남았어."
"그래, 너무 *적어."
"강 건너에는 먹을 게 저렇게나 *많은데……."
동물들이 말했어.

그때 토끼가 ***앞장서며** 말했어.

"내가 먼저 강을 건너가 볼게."

"악어야, 악어야. 강을 좀 건네주렴."
"그러지. 대신 무거우면 잡아먹고
가벼우면 안 잡아먹을 테야!"
"아니, 아니. 나는 ***가벼워**."
토끼가 악어 등에 폴짝.

‘정말 가볍군. 한입에 쏘옥 들어오겠어.’
강을 건너던 악어가 바위 뒤에서
갑자기 입을 쩌억!
토끼를 꿀~꺽 삼켜 버렸어.

이번에는 고슴도치가 ***종종** 나섰어.
"악어야, 악어야. 강을 좀 건네주렴."
"그러지. 대신 무거우면 잡아먹고
가벼우면 안 잡아먹을 테야!"
"아니, 아니. 나는 **가벼워**."
고슴도치가 악어 등에 폴짝.

‘고슴도치도 가볍군.
가시만 조심하면 한입에 쏘옥 들어오겠어.’
강을 건너던 ***거짓말쟁이** 악어는
이번에도 바위 뒤에서 입을 쩌억!
고슴도치를 꿀~꺽 삼켜 버렸어.

여우와 생쥐도 악어 밥이 되고 말았지.
이번에는 뚱보 고릴라가 나섰어.
고릴라는 악어가 거짓말쟁이라는 것을 알고 있었어.
"악어야, 악어야. 강을 좀 건네주렴."
"그러지. 대신 무거우면 잡아먹고 가벼우면 안 잡아먹을 테야!"
"이 거짓말쟁이야! 어디 한번 잡아먹어 보시지!"
그러더니 악어 등에 풀쩍 뛰어올랐어.

고릴라를 등에 태우고 가던 악어는
물속에 잠겨 ***허우적거렸어**.
"어푸어푸! 정말 무겁다, ***무거워!**"
악어는 고릴라를 잡아먹기는커녕
얼른 강 건너에 내려놓고 싶은 마음뿐이었지.

고릴라는 강 건너에 도착하자마자
악어 꼬리를 잡고 탈, 탈, 탈, 털었지 뭐야.

그랬더니,
악어 배 속에서 동물들이 와르르 쏟아져 나왔어.

강 건너에는 먹을 게 정말 **많았어.**
몇 날 며칠을 먹고도 남을 만큼.
거짓말쟁이 악어 덕분에
모두가 배부르게 먹을 수 있었어.

엄마가 보기

한 사물의 무게와 양을 재어 보아요

"생쥐가 무거울까, 호랑이가 무거울까?"라고 물으면 아이들은 호랑이가 더 무겁다고 대답할 것입니다. 호랑이의 몸집이 더 크기 때문이지요. 이처럼 무게란 크기와 어느 정도 연관이 있습니다. 하지만 크다고 해서 반드시 무거운 것만은 아니지요. 같은 크기의 돌멩이와 솜뭉치가 있다면 둘 중에 더 무거운 쪽은 돌멩이인 것처럼요.

아이가 **사물의 무게를 비교**하는 과정에서 **사물의 속성도 이해**할 수 있게 도와주세요. 아이들은 크기 비교는 잘하는 반면, 무게를 비교하는 데는 어려움을 겪습니다. 무게에 대한 감각을 키우려면 아이가 직접 물건을 들어 보고 비교하도록 하는 것이 좋습니다. 예를 들어, 크기가 같은 고무공과 사과를 들어 보고 어느 것이 무겁고 가벼운지 말하는 것도 좋은 훈련이 되지요. 사물의 양은 '많다, 적다'로 표현합니다. 양을 비교하려면 비교하는 사물의 수를 대강이라도 알아야겠지요. 따라서 사물의 양은 수와도 관계가 있다는 점을 가르쳐 주세요.

아이가 보기

먹이를 찾기 위해 동물들이 강을 건너요

토끼와 고릴라 중 **무거운** 동물은 고릴라예요.

먹을 것이 **많은** 쪽은 강 건너편이에요.

아이와 함께 하기

함께 해 보아요

어느 쪽이 무거운가요?
무거운 쪽에
◯ 해 보아요.

어느 쪽이 가벼운가요?
가벼운 쪽에
◯ 해 보아요.

나무에 사과와 감이 주렁주렁 열렸어요. 네모 안에 열매 수만큼 숫자를 쓰고, 열매가 많은 쪽에 ◯ 해 보아요.